파도 詩편

파도詩편

이윤길 시집

전망시인선 001   파도詩편

1판 1쇄 펴낸날 2021년 8월 2일

지은이 이윤길
펴낸이 서정원
펴낸곳 도서출판 전망
주소   48931 부산광역시 중구 해관로 55(201호)
전화   051) 466-2006
팩스   051) 441-4445
이메일 w441@chol.com
출판등록 제1992-000005호
ⓒ이윤길 KOREA

ISBN 978-89-7973-546-8
값 10,000원

* 저자와의 협의에 의해 인지를 생략합니다.
* 이 책 내용의 전부 또는 일부를 재사용하시려면 반드시 저작권자와 도서출판 전망 양측의 동의를 받아야 합니다.

시인의 말

파도가 부서진다.
물보라가 뱃머리를 넘어 선실로 밀려들어 뱃사람을 적신다.
이게 아닌데, 이게 사는 것이 아닌데 하면서도
나는 그 축축한 상념 속에서 시퍼런 물방울들을 골라낸다.
파도다.

2021년 7월

차례

시인의 말　　005

제1부

파도 1　　013
파도 2　　014
파도 3　　015
파도 4　　016
파도 5　　018
파도 6　　019
파도 7　　020
파도 8　　022
파도 9　　023
파도 10　　024
파도 11　　025
파도 12　　026

제2부

파도 13   029
파도 14   030
파도 15   032
파도 16   033
파도 17   034
파도 18   035
파도 19   036
파도 20   039
파도 21   040
파도 22   042
파도 23   043
파도 24   044

제3부

파도 25　　047

파도 26　　048

파도 27　　049

파도 28　　050

파도 29　　051

파도 30　　052

파도 31　　053

파도 32　　054

파도 33　　056

파도 34　　057

파도 35　　058

파도 36　　060

제4부

파도 37   063

파도 38   064

파도 39   066

파도 40   067

파도 41   068

파도 42   069

파도 43   070

파도 44   071

파도 45   072

파도 46   073

파도 47   074

파도 48   075

제5부

파도 49	079
파도 50	080
파도 51	081
파도 52	082
파도 53	083
파도 54	084
파도 55	085
파도 56	089
파도 57	090
파도 58	091
파도 59	092
파도 60	093
해설 이정훈(문학평론가)_ 난바다에 펼쳐지는 삶의 운슬	095

제1부

파도 1

메인엔진 플라이휘일 마지막 바퀴를 돌 때
기울어진 현창너머 울부짖는 바다를 보았다
우리는 너무나 거짓말 같아 순식간 침묵했다
마치 폭풍에 휩싸인 희망이 오르락내리락하며
화산의 쇄설류처럼 무너져 내리는 것 같았다
선장의 안색이 시커먼 구름덩어리에 떠밀려
마른 한천처럼 하얗게 질려 보이는 날이었다
동행했던 흰꼬리열대조마저 둥지로 돌아가고
뱃머리 뛰어 넘은 파도가 상갑판에 좌정하고
멧돼지 쫓는 사냥개처럼 컹컹거리며 날뛰었다
폭풍은 조율이 되지 않은 현악기의 리듬처럼
뱃전에서 소용돌이치며 악귀처럼 달려들었고
오로지 우리들 귀에만 들리는 외침이 있었다
살려달라는 비탄과 두려움이 폭풍에게 호소하자
천둥과 번갯불이 멈추는가 싶었는데 어느새
우리들 가슴은 비명도 없이 심연으로
붉은등껍질거북이처럼 가라앉고 있었다

파도 2

염장된 관절이 부러지고
재촉하지 않아도 바다는
철썩이는 죽음의 춤사위로
뱃사람 검은 목에 만장을 건다

부서져 날리는 물결무늬
시퍼런 난바다 물비린내는
폭풍에서 흔들린 어느 조난처럼
저녁노을처럼 수평선을 장악했다

흘수표를 점령한 물보라
건현과 뱃머리를 넘어 선실로
밀려들어 가슴을 적신다 나는
그 시퍼런 물방울을 담아낸다

파도다

파도 3

좌초를 하든 조난을 당하든
시퍼런 물결에서 빛나는 눈동자여
노을은 짙다 진하게 붉다

뱃사람 떠난 담장엔 능소화 피고
어머니의 어둔 밤이 뒤척일 때
폭풍은 긴 팔로 배를 흔들었다

오, 난파의 깃발이여

파도 4

수평선으로 몰려오는 검은 구름에서
우르릉거리는 세이렌 노랫소리가
서러운 죽음의 만가처럼 들려왔다
수장당한 잭타르의 슬픈 울부짖음,
인도양을 떠도는 발자국 소리이거나
사이클론에 매달린 질긴 목숨이겠다

물고기들은 재빨리 지느러미를 접고
심연으로 가라앉거나 암초 사이로 숨어
거대한 힘 앞에서 모습을 감추었다
그저 살아남기 위한 생명의 사투뿐
퍼런 물방울 속 노무라깃해파리와
번갯불 섬광이 심연을 밝게 비추었다

파도와 파도가 맞물린 채 신음하는
오로지 괴혈병에서 살아남은 항해사와
검은색 황금을 얻고 싶다는 욕망이,

타륜을 잡은 채 떨리는 목소리로

늙은 선장의 지시를 따라 외친다

하드 스타보드,

하드 포트

파도 5

끄떡이는 뱃머리
파도 하나 툭하면
물보라 일곱 색깔
그 무지개에게 끌려
왜일까, 슬쩍 내게 물어본다
내가 중얼거리지
바람 부는 거야

똑같이 다른 날
푸른 파도 물어뜯는
앙다문 이빨 틈에
햇살이 하나 반짝
그 금빛도 좋아
왜냐고, 중얼거리지
복잡하게 살지마
그냥 살아가면서
사는 거야

파도 6

대서양을 횡단하려 했던 정기선이 있었다
바다를 건너려는 사람들 수호신이었지만
끝없이 추락하는 기압계와 함께 침몰했다
아우성과 비극이 들끓는 끔찍한 상황에서
해신이 휘두른 채찍에 항해등이 깨어지며
정박항 리스본으로는 누구도 갈 수 없었다
불행한 운명이 해류의 자비에 맡겨진 채
배는 두 동강이 났고 심연으로 가라앉았다
차가운 바닷물은 거세게 소용돌이쳤으며
거대한 파도더미가 연거푸 얼굴을 덮쳤다
이름을 알 수 없는 몇몇 승객과 선원들은
유령이 점령한 심연에서 전설이 되었다
폭풍이 몰아치는 밤이나 달빛 밝은 밤이면
죽은 사람들이 울부짖는 비명소리가
난파의 고리에 갇힌 가엾은 승객과 선원이
여전히 배 주변 맴돌며 안식을 구원한다

파도 7

한 척 배도 보이지 않는다
부서진 파도는 뱃머리를 덮고
인간이 인간을 만나기 어려운 곳
사나이는 원양주낙선 갑판원

휘몰아치는 몬순에도
지상으로 돌아갈 수는 없었다
차가운 건 함께 흐르는 훔볼트해류
사나이는 원양트롤선 처리원

백상아리가 먹이 노리듯
헐벗은 살갗이 햇볕에 타버렸다
한 번이라도 그녀를 볼 수 있다면
사나이는 원양선망선 기관원

참혹한 예언들이 있었다
선실에 갇힌 필리핀 선원이 있다

그곳에 갇힌 인도네시아 선원이 있다
떠도는 감옥에서는 모두 짐승

파도 8

 현창 밖을 보고 있어요 어창을 채워가는 어로노동자들은 이만 해리나 떨어진 곳에서 토요일 밤 삼겹살 파티만 생각해요

 볼트와 너트가 삐걱거리고 한 떼의 여인들이 내쉬는 무거운 한숨이 몰려와요 갑판은 더 무거워지고 출항기는 찢어졌어요

 만선이 아니더라도 인내의 부력으로 바다를 떠도는 거지요 그렇게 벌써 서른다섯 번째지요 이번만 그래 이번 항해까지만

 하여튼 지금은 감옥이지요, 시푸른

파도 9

동짓달 스무 아흐레 얼어터진 가슴도 가슴이지만 저것 좀 봐 흐린 시야 가로질러 철썩이는 어머니 눈물들

파도 10

저곳은 남태평양이라 불리는 먼 바다 중심
쿡 선장 위대한 항해로부터 익숙한 이름이나
알려진 것이란 광활하다는 것 밖에 없다
그러나 냉혹한 자연의 본성 품은 대기와 해류
떠다니는 코코넛이 수 천 풍경과 결속한다
서러웠던 작별의 물짐승 안전한 뱃길 위하여
사랑에 상처 입는 것 두려워하지 말라는 듯
시퍼런 더듬이로 모든 파도 품고 흔들린다
산호 폴립에 실연의 허물 벗은 바다뱀 같이
페루로 가는 항로 따라 날짜변경선 항해하며
엘리뇨가 지나간 적도 건너편을 바라보았다
수평선에 걸린 무지개가 아버지 미소 같아서
바다에서 바다로 돌아가신 그날의 슬픔 같아서
가슴 깊은 곳으로부터 용오름이 솟구쳤다
이 세상에서 자기만이 불행하다고 생각하는
섬과 섬 사이 날아다니던 새는 보이지 않았다
거대한 파도들이 섬들과 부딪쳤다 태풍이었다

파도 11

 사이클론 만났지 풍속계지침이 삼십 미터 퍼 세크였어 하얗게 질려갔지 선실바닥은 신참선원이 토해놓은 음식물로 범벅이 되고 일등항해사가 롤링에 구르다보니 이빨은 모두 사라졌고 아킬레스건이 끊어졌어 구조요청은 강풍에 흩어졌고 경사계도 중심을 잃고 건들거렸지 갑판을 정비하던 갑판장과 몇몇 선원이 헤치코밍 아래로 추락했지 순다해협을 통과해 바타비아에 닿자 다섯 개의 선원수첩이 사라졌어 동행하던 알바트로스는 날개가 부러졌지 악몽이었지 그러나 이젠 편히 쉴 수 있겠어

파도 12

어디로 피항해야 벗어날 수 있을까
불안해하며 해신에게 경배했지만
이미 몇 개의 목숨이 사라진 바다
떠도는 나의 참혹한 무덤이다

남서풍은 긴 팔을 흔들며 지나갔고
죽음은 바다의 심장으로 옮겨왔다
나는 민어부레 같은 구명복 걸치고
파키스탄대리석처럼 굳어갔다

사랑했던 사람을 위하여 봉헌하며
발바닥까지 물들인 시퍼런 기도
마지막 잔에 사랑을 가득 채웠던
정박의 추억이 나의 고통을 키웠다

제 2 부

파도 13

 출항하는 안벽에서 계선삭 끌러주던 여인, 블루피터 그림자에서 입술 퍼런, 오오 소쩍새 우는 밤, 승천하는 비음이여

 식민지를 수탈하듯 사내를 뜯어먹는다

파도 14

당직이 끝나가도 이빨고기 입질은 않는데
말향고래는 분기공 흰 거품만 남기고 심연으로 가라앉았다

팽팽히 당겨지다가, 점점 탱탱해지다
툭 끊어지는 낚싯줄

그리움이라 부르면 안되나요
그렇게 함께, 지느러미를 자를 수도 있는데요

날려 온 물방울에 방풍우의가 딱딱해져요
안개를 뚫고 다가온 나그네알바트로스 안개를 뚫고 사라져요
붉은 수염 에리크의 사진을 들고요

배꽁무니에서 굽이치던 물거품이 거짓말처럼 사라져요
선실에서 가슴은 젖고 또 젖어가고요

바다는 어떤 물고기를 삼키고 꿈을 꾸는 걸까요

잠자리는 고요하게 철썩이는 걸까요

일곱 번째 암초가 근접했다
늘어진 팔다리는 다시 팽팽해졌다

파도 15

바다에서 돌아온 사내가 누워 있습니다
흰 긴 수염이 말라버린 해초 같았습니다
엉치에서 철썩거리는 소리도 들렸습니다
출어가 되어도 바다로 가지 못했습니다
정산에서 번쩍 손들었다는 이유였습니다
직장의료보험이 제일 먼저 끊어졌습니다
실업수당의 작은 구멍마저 사라졌습니다
주머니에 남아있는 건 파도뿐이었습니다
사내는 그저 크억크억 울기만 했습니다
시퍼런 시간들이 지워지길 기다렸습니다
뱃사람 핍박하는 사이비신자본주의에게
목백일홍 붉은 꽃 선물하고 싶었습니다

파도 16

해파리와 친구처럼 지내다
외로움의 숙주와 이리저리 뒹굴다
침로를 긋고 뱃머리 정침하면
언제나 씽씽거리는 폭풍

다시 돌아갈 수 있다면
늑골과 늑골이 버성기며 내는
폭풍주의보의 비명 두렵지 않으나
파도 잦기를 기다리기로 한다

비겁하게 보이지 않도록
수평선 향해 발끝을 치켜든 채
이마의 머리띠를 질끈 동여매는
우리는 바다 떠도는 물짐승

파도 17

뱃머리를 싫어하는 무언가 그곳에 있었다
우리는 불행의 끝자락에서 허우적거렸고
생은 파도 위 물보라와 닮은 신기루인 것
난파로부터 태어나는 침몰의 두려움이여
우리는 땅도 불도 공기도 아닌 물에서 왔으니
나의 죽음 바다로 돌아가야만 마땅하리

파도 18

무중 고인돌의 거웃같이
박혀 사는 벼랑의 휨 사이

억센 야성에 휘파람 불다
물결무늬 물주름에 빌붙다

아아, 옹골차게 흔들리다
갈바람에 뱃길을 잡아끌다

항해의 아름다운 희망이여
난향만리 외로운 등대여

파도 19

1

우리는 나란히 누워 다른 꿈을 꾸었지만
관습에 따라 살고 규칙에 따라 죽었다
파도 뒤에 감추어진 위험과 비극들
스스로를 위하여 고개마저 끄덕여야 했던
무적소리는 좌초한 흰고래처럼 울었다

2

뱃전 밖으로 추락한 빨강머리 안토니오
죽은 영혼을 운반하던 갈매기가 따라왔다
죽음 감지한 상어도 뱃전으로 몰렸다
신참 휘파람에 실린 폭풍이 뒤따라오며
얼음으로 봉인되었던 용궁 문이 열렸다

3

빈주머니를 위해서 떠나야 할 금요일
만선은 출항의 뱃고동으로 이루어지는 것
욕망은 발바닥에 시퍼런 십자가 새기며
한 가지 궁극적인 법으로 귀결되었다
바다의 힘을 존중하는 일이다

4

배와 헤아릴 수 없이 깊은 바다 사이에 있던
등댓불은 망원경에서 어느새 사라졌다
사악한 차가움이여 항해여
식탁에 차려놓은 따뜻한 식사와 차는
해신이 선물한 비극적 운명의 소품이었다

5

바닷물에 쩔을수록 파도는 대책 없이 높은데
바람과 파도를 지배하는 폭풍의 배려 아래
부서진 타륜과 깨어진 나침반 케이스
수평선 위 갈매기처럼 보이는 이별과
그렇게 불운으로 버려지는 몇 방울 눈물들

파도 20
— 천금성 선생님 상향

대포동 걷다가 묶여있는 철선 보았다
묘쇄공 주변 녹물이 눈물 같이 흘렀다
해도 테이블엔 기록이 끊긴 항해일지
우리 항해를 기억해주겠습니까 라며
갑판에는 버려진 속구들이 나뒹군다
모리셔스에서 케이프타운에서 마헤에서
이두박근 빛났던 날이 있었을 것이다
선수갑판으로 넘쳐드는 폭풍을 뒤로
럼주에 취해 상륙했던 묘박지 무용담
껄껄거리던 뱃사람이 있었을 것이다
세상의 안과 밖 사막 같은 삶에서
바다를 알게 된 건 위대한 일이었지
그러나 그 끝은 누구도 알 수 없는 곳
영 해발 위를 맴돌던 나그네 신천옹도
태평양을 항해하는 새로운 항해사도
기억조차 못하는 천문항해 도선별처럼
파도도 없이 철썩거리는 굴광에 묶여

파도 21

흔들리거나 철썩이거나 젖은 잠자리조차
익숙해져 가던 순간에 몰려온 조난이여
파도 위로 솟는 마코상어 흰 이빨이
꺾인 윌슨 바다제비 흰 깃털이
우리를 공포로 쑤셔 넣는다

낭만을 노래했던 순항의 날은 사라지고
허공이 물결무늬로 시퍼렇게 되는 동안
검은 구름은 수평선을 떠도는데
압사한 자유의 절망과 침묵
뱃머리는 안식을 잃었다

눈물과 탄식의 기다란 부력으로 버티던
마지막 발신된 구조신호도 끊긴 후
동공이 열린 두 눈을 모두 뜨고
퍼런 입술 잔뜩 오므린 채
로렐도 파도에 쓸렸다

\>

거칠었던 숨결들이 가뭇하게 흩어지자
예정된 항로는 심연으로 침적했고
폭풍의 왕에게 항거하듯 의탁한다
우리의 강철 심장 선장이여
침몰에서 배를 구하소서

파도 22

감천부두 출항선
만선을 기원하는 고수레는
마고의 축원처럼 등부표 넘나들고

블루피터 곁 상승기류
갈매기여 너도 슬픔에 겨웠는가
조도방파제는 어깨를 들썩인다

아버지와 아버지의 그 할아버지까지
뱃사람답게 계류삭 거둬들일 때
여인의 질투처럼 망설이지 않으니

바다여

파도 23

집안의 마지막 스턴라인 벗겨내는
아아 출항하던 날 고향 주문진의 밤
칠순 어머니는 잠드시지 못하겠지

이명 같은 파도소리 철썩이는 그믐
개똥지빠귀 넘나들던 오월 장미
꽃봉오리만이 빛나는 것은 아니지

파도 밭 뱃머리 퍼렇게 미끄러지며
어머니 사랑한다고 말하지 못한
검은 목 뱃사람도 희게 빛나겠다

파도 24

 수평선 너머 아랍의 유향연기는 푸르다 한다 그리하여 아라비아로 가는 항해는 긴 고통을 실어 나르는 그리움의 그림자이다 배의 꼬리에서 무엇인가 중얼거리며 사라지는 것이 보인다 물결치는 항적의 흰 거품, 저 날아가는 나침반들은 내가 흘린 눈물들이 아니라 내 마음을 사로잡은 눈동자이다 몬순의 어느 팔을 베고 잠들까 묻고도 싶지만 배가 흔들리는 이유에만 골몰한다

 페르시아공주의 드레스 속 범고래 등지느러미처럼

제 3 부

파도 25

연돌 위로 치솟은 물보라가 보였다
놀람과 경악으로 심장을 멈추게 한
좌초의 덫이 뱃머리를 끌어당겼다
뱃사람 운명을 주머니에 쑤셔 넣듯
파도는 암초에서 소용돌이를 쳤고
바다는 온몸으로 꽃이 되어갔다
꽃이란 건 언제나 아름다운 생물
죽음의 향기는 강렬했고 비렸다
지독한 꽃이다 저 꽃술 좀 봐
선장 외침도 심연으로 사라졌고
항로에는 비탄만이 가득했다

파도 26

남태평양 크리스마스 섬 근해
왼손에 시퍼런 처리용 도끼 들고
나무망치 휘두르는 검은 목 뱃사람
반야월산 물수양 그늘을 생각한다

깊고 푸른 밤 깊은 수심에는
내가 찾아야 할 사랑이 있으므로
그대를 여전히 그리워하는 것이다

다시 돌아가지 못할 새로운 시간
차갑게 식은 마음 원망하며 원하는
대항해시대의 유령선 해골 돛 같이
강퍅한 삶으로 몸을 던지는 것이다

경배하라, 푸르러라 바다여
나는 정주할 수 없는 유랑의 피
철썩이는 바닷물에 발목 젖는 동안
뒤꿈치 갈라지게 흔들리는 것이다

파도 27

나는 무엇일까 갓 부화한 뱀장어의 잠을 깨우며 부서지지
하늘은 갈매기 똥구멍이고 발밑은 루시퍼 망토 같지
잭 타르 무좀 발 발톱을 끊어가는 재미는 신나지
누런 이빨은 번쩍번쩍 살결은 새파랗게 빛나지
뒤척이고 철썩이지 아니면 장어인 줄 알았지
심해아귀 간처럼 수장된 피는 달콤하지
바다에게 받은 선물이자 면책인 거지

파도 28

폭풍 오는 밤이 되면 백상아리
그러나 햇살 따가운 산호초에선
부드러운 감옥의 한 마리 해마

다시 머리칼 쓰다듬는 폭풍 오면
근성 없이 배타는 놈, 작살내는
시퍼렇게 젖가슴 부푼 뱀파이어

파도 29

뱃사람 출항은
멀리 남방 해조도
해원 향해 나는
제비갈매기
첫 비행

스스로 방전하는
천둥과 번개 어쩌면
그리움만으로도
해원에 만발하는
꽃

파도 30

백야가 몰려왔다 몰려가는 남빙양수렴대
끊임없이 부서져 날리는 물방울들이
마스트에 진드기처럼 달라붙는다
때때로 우리는 박달나무 망치를 들고
둥지 찾는 펭귄처럼 뒤뚱거리는 걸음으로
발을 굴러가며 얼음을 떼어낸다

눈을 붙였다 뜨면 하루가 지나가고
동행하던 혹등고래까지 분기공을 감추었다
우리는 롤링으로 배가 기울 때마다
삐걱이며 헐거워진 눈을 부릅뜬 채
태양을 향해 입 벌린 바다이구아나처럼
힘내라 괴성을 질러댄다

모든 것이 얼음 덩어리로 둔갑하는 곳
만선의 시간까지 얼었다
얼음은 세상과 격리된 투명한 막이었다
우리는 순종의 얼굴로 하루를 보냈다

파도 31

 배 한 척 없는 항로에 번갯불만 번쩍거렸다 바다에는 썩어가는 물고기가 파도와 합체한 듯 유영했고 새파래진 안색의 선장은 발끝을 세워 등댓불만 찾았다 갑판은 해신에게 꾸중 듣는 것처럼 이곳저곳에서 삐걱거렸다 바다에서 가장 용감한 사내들의 패기와 흔들리는 것들 김씨 박씨 이씨 최씨 강씨 등이 구명을 갈망했던 구조선 망원경에서 스티로폼부이처럼 떠다녔던 날이었다

파도 32

옷과 밥과 가족을 위해서
언젠가 와보았던 바다 더듬어 멈춘 새벽
기억의 가장 오래된 부분과 맞닿은 곳
북쪽 섬 근처에 그물을 던졌다

만선이라는 건
지쳐 쓰러진 몸에서
고독과 욕망과 비린 바다가
막소주를 마시며 청승을 떠는 시간

지상의 모든 삶도
파도 숲을 지나가면 푸르게 물들겠지만
혼인색으로 붉게 물든 홍연어 시간과
모르스 구조부호마저 등댓불을 비껴갔다

응큼도 의뭉도 없는 팔다리 휘두르며
해신은 지배하고 장악한다

발자국도 남기지 못하고 사라진 사내
뱃전 곁 신천옹은 그걸 운명이라고 했다

파도 33

무역풍이 파도 윤슬을 반짝이게 하고
백화해원 번성했던 산호초도 그랬다

스콜이 몰아치면 우의를 당겨서 매고
정박항 늙은 느티의 새순을 생각했다

남태평양 작은 섬 선미에 쪼그려 앉은
오늘은 견우와 직녀가 만난다는 칠석

부르르 떨려오는 용골이 폭풍을 찾아
바다로 나아가리 내 몸뚱이 던져주리

파도여

파도 34

몹쓸 놈의 기억력이란
바다 나온 게 언제인데
그리움에서 뿜어 나온, 저
시푸른 점액질 비린내

뱃머리 앞 하늘은 푸른데
부서지고 다시 부서지는
사랑이란 참 허무도 하지
언제부턴가 파도였어

파도 35

1

폭풍이 몰려오는 항로는 남남서
타륜 잡은 뱃사람의 절대적 고독감이
흐릿한 등댓불 앞에서 출렁거린다

2

물결무늬 어룽한 뱃머리 아래에서
나침반 등진 야광충 시그리불을 만들고
용골이 휘청이도록 흔들리는 바다

3

사랑한다 전언도 전하지도 못한 항해

당직을 끝낸 어두운 침실에는
밤새도록 눕지 못한 잠이 뒤척거린다

4

시퍼런 물기둥 타고 오르는 용오름
신참 항해사가 토해 놓은
여러 개의 비명소리가 흩어져 있다

5

언젠가는 알 것이다. 사랑했다는 걸
이유 없이 회유하는 것은 없다고
파도 넘어가는 뱃머리가 무저갱이다

파도 36

출항의 헤드라인 끄르는 감천항
그리움 안에서 손을 흔들며
뱃고동 붕붕대는 감천123부두에는
아무런 일도 일어나지 않았다

파도가 울부짖는다 해도 출항은
심연 향해 서로 잊혀져간
흑요석 지느러미 같은 건 아닐까
이별 인사는 한숨으로 족하겠다

9-1번 마을버스는 모지포를 향해
씽씽거리며 매연을 날리고
뱃머리 남풍은 따뜻하기만 한데
항계선 벗어나자 울음이 솟구쳤다

시퍼런 파도였다

제4부

파도 37

  슬립웨이 톱로라가 덜그럭거렸다 박살초 곁 구릉에선 와프마저 출렁거렸다 아침식사 마친 선원들은 이빨을 쑤시는데 네트레코더 곁 선장의 눈만 붉다 산토니와 와시디는 고무장갑 들고, 갑판장과 1갑원은 보망칼 들고 띈다 대구 마흔 다섯 홍메기 둘 가오리 쉰 넷 이빨고기 하나 보리멸 서른 하나 10킬로리터 연료는 화수분의 뿌리 같은 것 전선원은 투망 스탠바이

파도 38

불안한 어둠이 둘러앉은 선실에서
하늘로 솟구치는 파도, 파도, 파도
선창을 깨뜨리며 울컥울컥 밀려들 때
당직 마친 3갑원 타로 점괘를 읽고
늙은 조리장의 기도소리는 떨렸다

새끼 잃은 암코양이처럼 밤새도록
울부짖는 대양의 검은 구름 밑에서
하늘로 솟구치는 파도, 파도, 파도
수평선에서 구르는 배는 삐걱거리고
선실 꽃무늬 커튼이 흔들거렸다

폭풍 지난 아침 고요는 미래의 일
세렝게티 누우 떼를 닮은 롤링이
실연으로 절망한 마음처럼 아득했다
하늘로 솟구치는 파도, 파도, 파도
어쩌다가 이곳까지 떠내려 온 걸까

\>

명옥헌 목백일홍 어른은 편안할까
흰 손 흔드시던 어머니도 그리워라
용골이 부러져서 심연에 닿기 전
적도 위의 푸른 꽃처럼 빛나리라
하늘로 솟구치는 파도, 파도, 파도

파도 39

수직으로 스콜이 지나가는 남회귀선
두려울 것 없는 원양어로의 성채
치켜 올린 턱에는 흰 수염이 자란다

반구대에서 배를 띄우고 수 천 년
단단했던 근육은 점점 흐물거렸고
밥그릇 가득 채웠던 몸은 줄어들었다

빅아이 옐로루핀의 심장을 찢어발겨
라면스프와 참기름으로 양념하고
황도의 태양을 아침 주식으로 삼는다

할렘이 수천 해리 멀리 떨어진 까닭에
수컷 짐승이 푸르게 생을 말리는
바다는 더 흔들릴 수 없는 롤링으로

가득 찬다

파도 40

출항은 어쩔 수 없는 바다의 일부입니다
서풀개울 산그늘에 만 겹 붉은 꽃 피어
부서지거나 무너지거나 솟구쳐도 그건 벽
지상을 벗어나 물방울로 돌아갑니다

나는 파도입니다

파도 41

  고래를 잡으러 바다로 떠나던 날 하늘에선 천둥이 치고 목백일홍 곁가지 사과가 붉었다 뜨거웠던 숨결 여인도 멀어지고 허위허위 가슴 찢는 소리까지 들렸다

  폭풍이 파도 이끄는 곳으로
  파도가 뱃머리 이끄는 곳에서

  상처 입은 바닷새가 돛대 끝에서 날자 안데스산맥 넘어온 고래의 숨기둥이 사라졌다 그래 흰 눈동자 하나가 지느러미 하나를 약속할 수 없다 뱃사람 미래도 그러하다

  꺼져라, 사랑아
  오늘은 너를 잊기로 한다

파도 42

물고기 비늘 날리는 갑판마다
생몰경계 허우적거린 덫이니
야생은 두려움을 존중하는 것
한 두의 삶은 돼지머리 놓고
세 대의 향불을 피워 사르라
턱을 고이고 머리를 굴종하라
나는 파도 시퍼런 악귀니라

파도 43

뱃고동소리가 심장을 찢는 날
어떤 좌초는 무인도 산호초에서
어떤 해도는 부식하는 침몰선에서
부레관해파리도 촉수 곧추세워
심해저로 뱃머리를 향하게 했다

항계선 벗어나자 찾아온 폭풍
뱃머리는 황천으로 닿는 것일까
수평선엔 날카로운 파도 우듬지
신천옹 비행은 풍어기처럼 빛나
흰 봉우리를 넘어가는 파도여

용오름 소용돌이치는 뱃전에서
쓸쓸한 게 외봉낙타 등뿐이냐며
늙는 법 모르다 늘어진 팔다리여
젊은 날 허투루 탕진한 뱃사람
윙윙거리는 이명의 죄라도 받자

파도 44

 황홀했던 생이 결별하듯 모래밭 흰 거품으로 돈오의 방점을 그린다

 아찔하게 허공으로 몸 올려 뛰던 지상산하 세파에 무릎 꿇는 것이다

 반갑다 바다가 사람을 만나고 바다가 사람과 헤어지는 방식이다

 흔들림 없이 뒤태를 보여주는 시퍼런 본성과 본성이므로 돈수이다

파도 45

법당바닥 젖도록 무릎 꿇는 여인
초파일 기도소리 등댓불 같아도
미쳐 광란하는 바다여

강풍에 흐트러지는 머리칼
폭풍은 불미역치 눈빛

남자라는 이름으로
나는 외친다

아, 파도여

파도 46

남풍에서 북풍으로 바람이 변했다
바다는 비악상어 이빨처럼 빛났다
새로운 섬을 찾던 돛은 맥없이
선수에서 선미로 꺾어졌다 추락한
플라스틱부이와 구명뗏목이
차갑고 어두운 바다에서
마린스노우로 떠다니는 동안
세이셸과 몸바사와 모리셔스에서
조난 모르스 흘수표를 부수는데
퍼렇게 질린 뼈다귀를 모아서
목백일홍 붉은 꽃술 그리운, 나는
파래 붙은 뱃전 늑골을 후려쳤다

파도 47

홍연어 살점 와사비에 찍으며 생각한다
사랑 때문에 불빛을 찾아온 홍연어와
허기 때문에 북해를 찾아간 뱃사람
홍연어 가슴에 차가운 칼날 넣다
사랑이 여물어 활활 입맛 태우는
불꽃같은 분홍의 정염 보았다

파도 48

봐, 저 휘날리는 만선의 깃발
수심 그 깊이를 안 뒤로
뼛속까지 출렁이는 푸른 해원
아버지부터 이어져온 기원이지

봐, 저 황홀한 세이렌의 노래
광활한 바다를 휩쓸던 폭풍도
나침반에 어른거리는 쓸쓸함도
물결의 무늬 속에 철썩거리지

봐, 저 충천하는 푸른 물기둥
태평양 거친 파도와 마주서는
고래는 뱃사람이나 만나는 것
새파란 뱃사람의 본성이지

제 5 부

파도 49

우리는 떨리는 손으로 성호를 그었다
신천옹은 폭풍을 먼저 알고 사라졌다
정박항 선술집서 누렸던 달콤한 연애가
가진 자의 부 시샘하며 파도를 받을 때
빈 어창 메우는 만선에 대한 기대감도
타로 점 불운이 빨리 지나가길 바랬다
파도에 갇힌 절대적 고립의 성에 숨어
서로의 어깨를 맞대고 타륜 붙잡고 있는
우리의 두려움은 어디에서부터 오는가
바다로 나가는 건 모든 것의 시작일 뿐
황천바다여 정녕 우리를 죽이시려는가
커다란 물덩이가 끊임없이 무너지는데

파도 50

뱃사람 안드레이
얼굴을 심연으로 수평선에 엎드려 있다
마스크부비 한 마리 등짝에 내려 앉아
허연 물똥을 찍 하고 갈겨댄다
멀리서부터 다가온 파도가 안드레이를
껴안으려고 푸르게 꿈틀거리다가
발바닥에서 차갑게 철썩거렸다
뱃전에서 추락한 직후 버둥거렸던
뱃사람 안드레이는 어찌할 수가 없어
늙어가지 못하는 슬픔을
운명으로 받아들였 것이다
어스름 내린 하늘에서 별은 빛나건만
의식이 아득해지기 전 마지막으로
부두에 남은 아이린에게 말했으리라

사랑해

파도 51

감천항 벗어나는 출항의 뱃고동소리
희디흰 항적은 오륙도등대처럼 빛나
혹등고래 배회하는 바다 건반 위에서
도레미파솔라시도, 도시라솔파미레도
다정스레 등 두드려주면 좋겠습니다
안녕히 계십시오 북양으로 떠납니다

파도 52

나는 수렵에 나선 뱃사람
물고기 목에 칼을 겨눈다

등댓불 없이 안개는 짙고
물결무늬 사이렌 같을 때

수직으로 솟구친 파도 끝
검은 머리카락이 흩어진다

가책 없는 바다의 살생은
어쩔 수 없는 뱃사람 연비

나는 펄떡이는 물고기
흰 뱃구레 배에 칼을 넣는다

파도 53

태풍에 쫓겨 뱃전에 날아든 날치
머리까지 지느러미 올려 비손하는
수평선은 차가운 지옥인 것이다

귀항 재촉하던 항로에서 방향 잃은
무참히 폭행당한 뱃사람의 타륜과
듀공의 그림자도 사라지는 것이다

파도 54

만선기 아래 노을빛으로 철썩거린
몇 계절 그리움으로 보낸 후에도
인도양 바다 위를 떠다닐 것이니

오오 거센 바람은 여전히 불어와
눈꺼풀조차 붙이지 못한 항해에서
휘파람 불며 무언가 꿈꾼다는 건

한 사람 오직 한 사람
사랑하는
일

파도 55

1

바다도
사람 사는 곳
판게아 세상에서
수염고래까지
겸손하게
나타난 신천옹까지

2

혼자서
외로움 쌓는
같은 태양을 보며
같은 달빛에 젖으며
아, 수평선

활주하는 사람들

3

깨어지고
흩어져 날리는
태풍의 눈에 들어
악착스럽게 버티는
아, 붉은 피
부유하는 종족아

4

폭풍 속
쫓고 쫓기다

어느 누구 돌봄 없이
시퍼렇게 병드는
아, 서러움
그 매정함이여

5

썩은 사랑니와
늘어진 이두박근
그물을 당겨가다
수장되는 죽음
아, 무량함
바다의 꿈이여

6

>
불끈 솟구친

파도와

물결에 스민 상처와

목숨의 댓가로

아, 우렁찬

만선의 노래여

파도 56

뱃사람이 돌아왔다 비행기를 타고
등줄기로 빨려간 시뻘건 절규와
포르말린 병 속 잘려진 팔과 함께

허벅지에서 너풀거리는 바다풀
목각인형과 흑진주 몇 알 품고
내 탓이라는 듯 허탈하게 웃었다

첫출항이나 슬픈 마지막 귀항이나
언제나 처음 보는 남자의 얼굴처럼
표정 잃은 여인은 등을 토닥였다

파도 57

태풍이 던져주는 시퍼런 화두를 온몸으로 받았다

파도 58

차가운 남빙양 바닷물이 만나는 곳에
비가 오지 않는 날은 눈이 날렸다
사람들이 살지 않는 외딴 섬이 있었다
코끼리 물범과 펭귄들이 해류를 타고
사랑과 번식을 위해서 섬을 찾아왔다
구역다툼으로 번잡한 서로의 해안으로
추억을 찾아서 새벽 별빛과 동행했던
파도 사이로 뚫려있는 시푸른 삶의 행로
물고기와 새우를 잡던 사냥터를 떠나
그들이 어떻게 섬으로 오는지 모른다
사람들은 섬의 이름을 메쿼어리라 했다

파도 59

먼 바다 수평선이 안개로 가득합니까
수렴되어진 뱃사람 연애의 얼룩은
망원경엔 해신의 투기로만 보입니까

항해일지의 마지막 페이지 마침표는
만선이 간직한 하루 생의 밑천이라
뱃사람 기도라 해석해도 되겠습니까

난파를 당하든 투묘를 하든 그리하여
당신은 파도 없는 그곳에 머물거라
삽엽충 안주로 럼주에 취하는 뱃사람

등댓불 섬광이 가슴팍에 닿았습니까
샛바람에 흔들리는 패랭이 꽃 닮은
노폭크 등댓불을 초인한 적 있습니까

파도 60

어로의 눈빛이 짐승 발톱을 닮아가는 밤
어창 가득 채울 만선 물때를 기다리는 일은
나침반 앞의 뱃머리 같아 지겹지 않아요
바다 깊이 뒤척거리는 지느러미 비린내를
그것이 물고기 발자국이라고 말한 사람은
불면의 어로장이셨나 아니면 나였던가요
야옹거리며 풍어를 기원하던 괭이갈매기도
해물탕을 요리하던 조리장도 알고 있겠죠
어군탐지기 살피던 갑판장 목쉰 노동요로
새벽 박명이 바이올렛빛 풍선처럼 부풀면
풍향 깃발 가렸던 수평선 짙은 안개도
선원들 등허리에 반짝거리는 햇살이 되고
갑판을 넘어와서 발목 적시던 파랑주의보
용왕님 심술 닮은 파도마저 사라지는군요

해설

난바다에 펼쳐지는 삶의 윤슬

이정훈(문학평론가)

> 크나큰 소용돌이가 치는 북해가
> 세상 끝 벌거숭이 외진 조막섬들을 씻고
> 대서양의 파도는 폭풍 휘몰아치는
> 헤브리데스 섬 사이로 밀려든다.
> ― 비윅 『영국 조류사鳥類史』 중에서

샬럿 브론테Charlotte Brontë가 쓴 『제인 에어Jane Eyre』(1847)에 나오는 한 대목이다. 노르웨이 해안에 인접한 북해, 그곳은 바닷새의 서식지이자 바닷새만이 살고 있는 외진 바위산과 돌출부가 있는 생명의 거처다. 소설 속 주인공은 비윅Bewick의 『영국 조류사』를 읽으며 서문과 그 뒤에 나오는 그림 간의 연관성에 대해서 생각하고 있다. 파도와 물보라가 휘몰아치는 바다에 홀로 서있는 바위와 쓸쓸한 바닷가에 좌초한 난파선 그리고 막 침몰해 가고 있는 난파선을 구름 사이로 엿

보고 있는 차갑고 섬뜩한 달에 대해 어떤 함축성을 부여하며 골똘히 생각에 잠겨 있다. 우리가 망망대해를 바라보면 아무 것도 없는 쓸쓸한 공간처럼 보이지만, 자세히 들여다보면 그곳엔 거친 파도를 온몸으로 견뎌내는 산호섬과 무인도서를 배경으로 저마다 해풍과 파도에 적응하며 살아가는 바닷새와 거북, 고래 등 무수한 생명체가 존재한다.

먼저 이윤길 시인의 『파도詩편』 전체를 읽고서 그가 광활한 대양 한가운데서 파도와 사투를 벌인 선상체험을 소재로 시집 한 권 분량이나 되는 동일한 제목의 해양시를 썼다는 데 대해 매우 놀라웠다. 대게 여느 시집 한 권 분량의 내용을 찬찬히 들여다보면, 화자의 삶에 대한 핍진한 체험과 예리한 성찰이 일상적 삶을 숭고한 삶으로 바뀌게 하는 어느 한 순간을 역동적으로 포착하고 있다. 여기에는 시간의 흐름 속에 삶의 여러 공간과 단상이 씨줄과 날줄로 교차하며 등장하는 것이 일반적이다. 이 번 시집은 그러한 점에서 일반적 시집 구성의 상투성을 벗어나고 있다. 그는 '바다'라는 공간 속에서 파도처럼 변화무쌍한 대자연의 위력에 대해 혼신의 힘을 다해 주술呪術하고 있다. 다윗의 시편처럼 그의 시는 바다에 관한 시편 Psalms이요, 파도에 대한 시편이라 말할 수 있다.

언젠가 한 지역 문학심포지엄 자리에서 해양문학의 정의와 범주에 대해서 열띤 토론을 펼친 적이 있었다. 해양문학을

과연 어떻게 규정할 수 있을까? 그것은 참으로 어려운 문제였다. 지금까지 해양문학이라면 먼 바다를 중심으로 어로작업 중 발생하는 바다 사람들의 긴박한 이야기나 바다에 관한 통찰epiphany가 주된 내용이었다면 필자는 "해양문학을 정의하는 데 있어 해양(해안과 연안 및 도서 포함)과 인간 활동이 상호작용하며 해양을 주된 공간으로 하는 인간 삶의 본질이 지역을 통해 내면화되고 내재화된 작품을 해양문학"(「지역문학 공간에서 바라본 해양문학의 포용, 그 전망과 과제」)이라고 주장했던 적이 있다. 이는 문학작품에 있어서 대양과 연안의 구별을 넘어서 바다라는 공간이 인간 내면적 삶의 본질과 진정으로 맞닿아 있고 상호영향을 주는 것이라면 그 전체를 해양문학의 범주에 넣어도 손색이 없을 것이라고 판단했기 때문이다.

이윤길 시인은 동해 주문진에서 태어나 유년 시절을 가난하게 보냈지만 그 가난을 탈출하기 위해서 원양어선을 탔다고 한다. 그가 수산고등학교를 졸업하고 처음 남아메리카 북부 수리남 공화국의 새우 트롤선에 승선하여 원양어선원으로 첫 발을 들인 후 지금까지 숱한 역경과 고난을 이겨내며 바다 사나이로 또한 선장으로서 그의 의지를 불태우며 지금까지 묵묵히 일해 왔다고 전한다. 이제 나이가 들면서, 바다에서 일하기보다는 좀 더 편하고 안전한 육지에서 일하는 것이 여느 뱃사람들의 평범한 바람일 텐데, 그는 여전히 바다 사나이다. 때로는 국제옵서버 요원으로서 수산자원을 보호하고 조업 관리를 감독하는 역할도 병행하고 있지만, 누가 뭐래도 여전히 현역 선장으로 남아있다. 그의 삶이 온통 바다와 결부되어 있고, 지금까지 난바다 위에 점철된 삶이며, 시인의 살아온 삶의 여정이 푸른 바다 심연에 감춰진 망간단괴manganese nodules처럼 단단하게 뭉쳐져 그 누구도 범접할 수 없는 영역으로 오롯이 자리 잡고 있기 때문이다.

1. 육지에서 탈주, 새로운 영역 속으로

시집 전편을 읽고서 한번쯤 이런 의문을 갖게 된다. 그의 시에서 왠지 '쓸쓸함'과 '황량함'이 느껴지는 이유가 무엇일까? 이는 어디에서 연유되는 것일까? 일단 그의 시편에서 유·무인도서, 열도, 연안 풍경 같은 배경이 「파도 58」을 제외하고는 좀처럼 관찰되지 않는다. 폭풍 휘몰아치는 바다 한가운데일지라도 섬들이 있었다면, 비록 인간의 그림자가 없을지라도 바닷길을 비추는 등대처럼 그 곳에서 몸을 피하는 바닷새들과 거친 파도를 견디는 이름 모를 풀들이 그래도 바다를 그렇게 쓸쓸하게 내버려두지는 않았을 텐데….

이윤길 시인은 스스로를 '오어선장'이라고 칭한다. '오어(吾漁)'란 자기 자신이 곧 물고기라는 뜻이다. 어족자원의 고갈 시기에 물고기와 같은 심정으로 물고기를 보호하겠다는 그의 의지라고 볼 수도 있겠지만, 무엇보다 시인은 물고기처럼 육지에서 유배된 운명이라는 것을 염두에 둔 말이 아닐까? 천생 바다에 떠돌며 살 수밖에 없는 운명, 그래서 시인은 스스로 "정주할 수 없는 유랑의 피"(「파도 26」)라고 했는지 모른다. 다시 말해 그는 "난향만이 외로운 등대"(「파도 18」) 같은 존재였는지 모른다.

> 깊고 푸른 밤 깊은 수심에는
> 내가 찾아야 할 사랑이 있으므로
> 그대를 여전히 그리워하는 것이다
>
> 다시 돌아가지 못할 새로운 시간
> 차갑게 식은 마음 원망하며 원하는
> 대항해시대의 유령선 해골 돛 같이
> 강퍅한 삶으로 몸을 던지는 것이다
>
> 경배하라, 푸르러라 바다여
> 나는 정주할 수 없는 유랑의 피
> 철썩이는 바닷물에 발목 젖는 동안
> 뒤꿈치 갈라지게 흔들리는 것이다
>
> ―「파도 26」 부분

위 시에서 보듯이 화자는 육지에서 탈주를 꿈꾸며 "다시 돌아가지 못할 새로운 시간"속에 "강퍅한 삶으로 몸을 던"진다. 다시 말해 화자는 "찾아야할 사랑이 있으므로" 깊고 푸른 바다를 향해 투신을 결행한다. 그래서 "차갑게 식은 마음 원망하며 원하는/ 대항해시대의 유령선 해골 돛 같이" 떠나온 육지로부터 경배의 바다로 뛰어든다. 그러한 화자의 다짐은 결국 자신으로 하여금 바다에 귀의하는 고결한 의식을 치르는 데까지 이르게 한다.

> 뱃머리를 싫어하는 무언가 그곳에 있었다
> 우리는 불행의 끝자락에서 허우적거렸고
> 생은 파도 위 물보라와 닮은 신기루인 것
> 난파로부터 태어나는 침몰의 두려움이여
> 우리는 땅도 불도 공기도 아닌 물에서 왔으니
> 나의 죽음 바다로 돌아가야만 마땅하리
>
> ―「파도 17」전문

"우리는 땅도 불도 공기도 아닌 물에서 왔으니/ 나의 죽음 바다로 돌아가야만 마땅하리"라는 구절은 성경의 "모든 것이 주께로 왔으니 받은 것을 주께 드렸을 뿐이니"(대상29:14) 라는 말을 연상케 한다. 즉 뱃사람에게 바다는 만물의 근원이요, 조물주인 셈이다. 이윤길 시인은 『더 블루』(신생, 2017)

'시인의 말'에서 다음과 같이 말한 적이 있다. "그러니까 시편은 뱃사람들의 생을 받아 적은 것이다. 바다는 뱃사람 삶의 시작과 끝이다. 결국 뱃사람이 바다다." 그가 말하는 바다는 희망이자 운명 그 자체다. 육지와 결별을 위해 그가 향했던 바다는 무엇보다도 난파로부터 스멀거리는 불행과 두려움의 장소요, "파도 위 물보라와 닮은 신기루"처럼 한 때 희망에 부푼 미지의 영역이었다. 바다와 폭풍의 위력 앞에 생의 날개가 무참히 찢겨버리는 혼돈과 죽음 그리고 무無의 세계였다. 즉 "바다가 사람을 만나고 바다가 사람과 헤어지는 방식"(「파도 44」)이었다.

이윤길 시인의 삶과 문학을 소재로 게재된 한 시사주간지의 칼럼에서 바다에 관한 다음과 같은 글을 읽은 적이 있다.

"근대 예술의 주요한 상상력의 원천이 바다였음에도 우리는 바다를 잃어가고 있다. 부산 근대미술사에서 부산항과 바다를 그린 작품이 많은데 해방을 지나면서 '바다'를 그리는 게 아니라 '항만시설'과 '도시'를 그린 작품이 더 많아졌다. 그만큼 원양 경험이 도시 내부로 들어오는 게 쉽지 않았음을 의미한다. 사람들의 시선은 바다 너머로 나아간 게 아니라, 중심화한 도시로 함몰되어갔다고 해도 좋다. 바다는 간첩이 잠입해 들어오거나, 밀항이 일어나는 불법적 영역이거나, 알 수 없는 위험이 도사린 공포의 공간으로 인지되고 이해되고 있었던 것이다. 원양어업이 쇠퇴하고 선원들 대다수가 외국인 노동자로 채워지면서 일부 입에서 입으로 전해지던 먼바다의 기록은 완전히 사라지기에 이른다."(≪시사in≫, 2019. 8. 2.)

아마도 시인은 육지 중심의 이야기 속에서 벗어나기 위해, '잊힌 바다'를 이야기하기 위해, 선원들에 대한 온당한 자리매김을 위해 바다라는 새로운 영역을 인양하려고 했는지 모른다. 세계 각국의 200해리 배타적 경제수역 선포와 어족자원의 남획으로 원양어업은 쇠퇴일로를 겪게 되었지만, 시인은 바다에 대한 염원을 저버릴 수 없었다. 많은 사람들이 바다에 대한 관심으로부터 멀어진다 할지라도 그는 먼바다에 관한 기록만큼은 목숨처럼 지키고자 하는 소망으로 가득 차 있었던 것이다. 미래 인류의 마지막 보고寶庫는 '해양'이라고 말하지만 우리의 어업방식은 '잡는 어업에서 기르는 어업'으로 가기에는 갈 길이 아직도 멀게 느껴진다. 바다 목장 같은 양식업이 발달하기 위해서 무엇보다도 청정한 바다 환경이 중요할 텐데, 해마다 연안에서 발생하는 적조는 피할 수 없는 현실이 되고 말았다. 가두리 양식장의 과밀화와 갯녹음현상(백화현상)의 확산은 병들어 가는 우리 바다의 현주소이며, 여기에 플라스틱류의 해양쓰레기 증가로 어패류에서 검출되는 미세플라스틱은 심각한 환경문제를 더욱 증폭시키고 있는 실정이다.

2. 삶과 죽음의 웜홀 wormhole

바다라는 공간은 삶과 죽음, 죽음과 삶이 '들숨과 날숨'처럼 교차하는 지점이다. 시집 전편을 통해서도 이러한 분위기가 감지되는데, 「파도 2」를 살펴보자.

> 염장된 관절이 부러지고
> 재촉하지 않아도 바다는
> 철썩이는 죽음의 춤사위로
> 뱃사람 검은 목에 만장을 건다
>
> 부서져 날리는 물결무늬
> 시퍼런 난바다 물비린내는
> 폭풍에서 흔들린 어느 조난처럼
> 저녁노을처럼 수평선을 장악했다
>
> 흘수표를 점령한 물보라
> 건현과 뱃머리를 넘어 선실로
> 밀려들어 가슴을 적신다 나는
> 그 시퍼런 물방울을 담아낸다
>
> 파도다
>
> ─ 「파도 2」 전문

파도가 넘실거리는 바다에는 항상 뱃사람들의 죽음에 대한 어두운 그림자가 서성거리고 있다. 마치 세상의 종말과 맞닥뜨린 것처럼 한 척의 어선은 거친 파도를 뚫고 투우鬪牛처럼 파도의 정면을 노려보고 있다. 격랑의 바다, 대자연 앞에서 뱃사람들은 그만 망연자실해지는 순간이다. 죽음을 압도하는 침묵 속에 자신의 몸을 바다의 신인 포세이돈, 파도에 맡기는 것이다. "뱃사람 검은 목에 만장을 건다"라는 구절은 마치 오목烏木처럼 강인한 인상을 풍기는 선원들의 목덜미에 다가오는 파고를 예고하듯이 죽음의 그림자를 암시하고 있다. 그것은 처음에 '염장'이었다가 시시각각 '만장', '저녁노을', '시퍼런 물방울'로 모습을 바꾸며 다가온다. 마치 사냥개에게 쫓기듯이 뱃사람들은 파도에 의해 점점 궁지로 내몰린다. 대자연의 위력에 그만 주저 앉고 싶은 나약한 모습처럼 보일런지도 모른다. 그러한 위기의 순간 속에서 잠시나마 뱃사람들은 지나온 삶을 반추한다. 심연으로 가라앉는 무거운 침묵 속에서 일생에서 가장 행복했던 시기를 그들은 생각한다. 그러한 뱃사람들의 마음을 아는지 모르는지 무정한 파도는 순식간에 그들을 격침시키고 만다. 그들이 보았던 노무라깃해파리, 수평선에서 몰려오는 검은 구름들, 세이렌 소리들, 수장 당한 사람들, 물보라 일곱 빛깔 무지개 속에 섞여 파도는 '난파의 능소화'로 피어난다. 하늘로 솟구치는 바다, 뱃머리에서 부서지는 파도가 기울어진 현창(舷窓)으로 물보라 칠 때, 삶과 죽음은 단말마의 비명과 함께 서로 그 경계를 넘나들며 소통하고 있었던 것이다. 바다는 "인간이 인간을 만나기 어려운 곳"이며, "지상으로 돌아갈 수"(「파도 7」) 없는 곳이다. 그런 바다는 뱃사람들로 하여금 백상아리 먹이가 될지라도, 참혹한 죽음이 기다리고 있다할지라도 차가운 햇살 속에 반짝이는 유빙처럼 삶의 쳇바퀴를 벗어날 수 없게 만든다.

> 폭풍은 조율이 되지 않은 현악기의 리듬처럼
> 뱃전에서 소용돌이치며 악귀처럼 달려들었고
> 오로지 우리들 귀에만 들리는 외침이 있었다
> 살려달라는 비탄과 두려움이 폭풍에게 호소하자
> 천둥과 번갯불이 멈추는가 싶었는데 어느새
> 우리의 가슴은 비명도 없이 심연으로
> 붉은등껍질거북이처럼 가라앉고 있었다
>
> ―「파도 1」부분

대자연의 절대적인 위력을 감지하면서도 시나브로 죽음의 소용돌이 속으로 빠져들 수밖에 없는 뱃사람들의 운명을 정작 그들은 어떻게 받아들이고 있는가? 그럼에도 불구하고 "항해의 아름다운 희망"(「파도 18」)을 노래한 이유는 또 무엇일까? 그것은 분명 다음과 같은 화자의 마음속에서 그 단서를 찾을 수 있을 것이다. "빈주머니를 위해서 떠나야 할 금요일/ 만선은 출항의 뱃고동으로 이루어지는 것/ 욕망은 발바닥에 시퍼런 십자가 새기며/ 한 가지 궁극적인 법으로 귀결되었다/ 바다의 힘을 존중하는 일이다"(「파도 19」). 여기에 인간의 이기심, 경제적 탐욕이 잉태되며 불행을 자초하게 한다. 바다는 인간에게 필요한 만큼 원하는 것을 내어주기도 하지만, 선원들로 하여금 저마다의 동상이몽 속에 만선의 욕망으로 죽음을 향해 뛰어들게 만든다. 그 내막엔 '신자유주의'의 파고가 넘실거리고 있다. 이는 바다사람들의 삶을 결국 죽음으로 귀착시키지만, 궁극적으로 "해원에 만발하는/ 꽃"(「파도 29」)으로 피어나는 선원들의 "새파란 뱃사람 삶의 본성"(「파도 48」)을 다음 세대로 면면히 전하기도 한다.

> 옷과 밥과 가족을 위해서
> 언제가 와보았던 바다 더듬어 멈춘 새벽
> 기억의 가장 오래된 부분과 맞닿은 곳
> 북쪽 섬 근처에 그물을 던졌다
>
> 만선이라는 건
> 지쳐 쓰러진 몸에서
> 고독과 욕망과 비린내가
> 막소주를 마시며 청승을 떠는 시간

―「파도 32」 전문

    가난에 쫓긴 사람들은 부지중에 "옷과 밥과 가족을 위해서" 난바다까지 흘러왔지만, 그들이 바다를 어족자원의 보고가 아닌 수탈과 착취의 장소로 여기는 순간, 모든 상황이 달라진다. "나는 수렵에 나선 뱃사람/ 물고기 목에 칼을 겨눈다"(「파도 52」). 바다가 오염되고, 치어들이 사라지면서 고기가 잡히지 않기 시작한다. 선주들은 감척 조치에 들어가며 선원들도 구조조정에 휘말리지 않을 수 없다. 일자리를 잃은 사나이들의 삶 또한 죽은 목숨이나 매한가지다. 여기서 뱃사람들은 떠도는 종족처럼 신사이비자본주의 화두를 온몸으로 받아내고 있다.

> 바다에서 돌아온 사내가 누워 있습니다
> 흰 긴수염이 말라버린 해초 같았습니다
> 엉치에서 철썩거리는 소리도 들렸습니다
> 출어가 되어도 바다로 가지 못했습니다
> 정산에서 번쩍 손들었다는 이유였습니다
> 직장의료보험이 제일 먼저 끊어졌습니다
> 실업수당의 작은 구멍마저 사라졌습니다
> 주머니에 남아있는 건 파도뿐이었습니다
> 사내는 그저 크억크억 울기만 했습니다

시퍼런 시간들이 지워지길 기다렸습니다
뱃사람 핍박하는 신사이비자본주의에게
목백일홍 붉은 꽃 선물하고 싶었습니다

—「파도 15」 전문

　　이윤길 시인은 선장이자 국제 옵서버이다. 국제 옵서버는 '공해상의 수산자원을 보호하기 위해, 조업의 관리·감독 및 과학적 조사를 목적으로 국제기구 또는 국가의 권한을 받아 선박에 승선하는 사람'을 말하는데, 물고기를 잡던 그가 이제 세계의 어족자원을 보호·감독하는 사람으로 되었다고 하는 이유를 알 것만 같다. 그런데 아쉽게도 이번 시집에는 그런 역할에 걸맞은 시를 찾아보기 어려웠다. 그의 시 전편이 파도에 응축된 희로애락을 풀어헤친, 장엄한 '파도詩篇Psalms'이라는 것을 곰삭히자면, 바다를 보호하기 위해 다시 해양으로 뛰어든 시인의 애틋한 맘을 웅숭깊게 표현한 시편들이 아쉽게 느껴진다.

3. 해양시, 해양생태시

　　앞서 말했듯이 전반적으로 이 번 시집에서 '쓸쓸함'과 '황량함'이 느껴지는 이유는 시의 소재로서 바다와 육지로 이어지는 섬들과 연안의 풍광이 잘 나타나지 않을 뿐만 아니라 그런 공간 속에서 해양생명체와 인간 간의 교감도 핍진하게 나타나지 않기 때문일는지 모른다. 비록 붉은등껍질거북이(「파도 1」), 노무라깃해파리(「파도 4」), 부레관해파리(「파도 43」), 산호(「파도 10」), 게(「파도 34」), 야광충(「파도 35」), 새우(「파도 58」) 등 바다생명체와 흰꼬리열대조(「파도 1」) 알바트로스(「파도 11」), 신천옹(「파도 20, 43」), 윌슨 바다제비(「파도 21」), 제비갈매기(「파도 29」), 펭귄(「파도 30, 58」), 마스크부비(「파도 50」), 괭이갈매기(「파도 60」) 같은 바닷새 그리고 백상아리(「파도 8, 28」), 이빨고기(「파도 14, 37」), 마코상어(「파도 21」), 뱀장어(「파도 27」), 해마(「파도 28」), 대구·홍메기·가오리·보리멸(「파도 37」), 불미역치(「파도 45」), 비악상어(「파도 46」), 홍연어(「파도 47」), 날치(「파도 53」) 등 어류들 또한 포유류인 말향고래(「파도 14」), 흰고래(「파도 19」), 밍크고래(「파도 24」), 혹등고래(「파도 30」), 수염고래(「파도 55」), 코끼리 물범(「파도 58」) 등이 자주 등장하지만, 이러한 생명체와 관련된 해양생태계의 변화를 본격적으로 사유하고 있는 시를 찾아보기가 힘들다. 지구라는 푸른 행성에는 인간만이 존재하는 것이 아니라 다른 생물종과 함께 더불어 살아가기에, 또한 그러한 주된 공간이 바로 바다이기 때문에 해양생태계의 변화를 투영하는 작품들을 기대하고 싶은 것이다.

『파도詩편』에서 시의 소재로 가장 빈번히 출현하는 생물 종은 바로 고래다. 남진숙은 시인들에게 있어 고래의 인식과 관련하여 다음과 같이 논한 적이 있다. "현대시 텍스트에 등장하는 고래는 매우 다양하고 함축적인 상징이 들어 있어 고래와 바다생태계에 대한 시인의 인식을 읽어낼 수 있으며, 이를 통해 어느 정도 시인의 시 세계관을 엿볼 수 있다. 그것은 바다 생물을 단순히 보호해야 한다는 차원보다는 한 단계 나아가 시인들이 고래를 통해 인간의 삶과 정신, 나아가 자연생태계, 우주를 상징화하기도 한다. 일차적으로 고래를 제재로 한 시에는 인간의 이상과 꿈, 때론 문명과 반문명, 그리움, 생명력과 같은 키워드가 드러난다. 또 생물학적으로, 막연한 동경으로, 때론 열망의 환치로 표상화 된 것을 발견할 수 있다."(「한국 해양생태시에 나타난 고래의 표상과 그 상징성」) 앞서 발간한 그의 시집 『대왕고래를 만나다』(전망, 2009)에서 시인은 고래의 이미지를 다음과 같이 시적으로 재현한 바 있다.

> 그날 밤 바람이 일어 시퍼런 불꽃 일고
> 돌아오지 않는 수부들
> 고독의 방독면 겹겹으로 두른 채, 썩어간다.
> (…)
> 오늘 밤, 어쩌면 30년 전 밤이었을지도 모른다.

어느새 나도
그 때의 아버지만큼 나이 먹었다.
옛것이라곤 찾아볼 수 없는 수평선에서
덜컹거리는 심장 가까이
반가운 그날의 대왕고래 보이는데
참담한 50살 주름진 손등에서
불현듯 아버지 따뜻한 온기 느끼는 것은
대왕고래 붉은 핏톨 속
오래 전 그 바다 녹아 흐르는 걸까
　　　―「대왕고래를 만나다」(『대왕고래를 만나다』) 부분

　위험에 처한 바다 한가운데 화자는 절망 속에서 대왕고래를 발견한다. '대왕고래-아버지'의 연결고리는 난파 직전 구원의 상징으로서 아버지의 존재, 부성애를 발현케 한다.
　또한 먼저 발간된 『더 블루』에서도 나폴레옹물고기, 남정바리, 갈매기, 말향고래, 귀신고래, 참가자미, 대왕오징어, 소라게, 신천옹 등 해양생물을 시제詩題로 한 많은 시를 찾아볼 수 있었다. 그러나 지구환경 변화에 관한 관심보다는 인간 삶을 반추하는 소재로 등장하는 경우가 많았다. "달빛은 물결 위 반짝이고/ 갈매기와 눈 빠지게 마주앉아/ 먼 옛날 아들이 받았던 선물/ 달콤했던 추억을 생각합니다// (…) // 아버지 그리워지는 어느 날/ 살아생전 일러주던 대물 포인트/ 방파제

곁 남정바리 한 마리는/ 영원에 든 그리움의 회상이죠"(「남정바리를 낚다」, 『더 블루』). 이 시에서도 앞서 말한 바처럼 화자의 부친에 대한 사랑과 그리움을 간파할 수 있었다.

    대양, 어쩌면 인간과 대자연이 교감하기엔 생태적으로 너무 간극이 큰 것인지 모른다. 따라서 낚시를 한다 해도 입질이 시원치 않다는 것은 예견된 일인지 모른다. 갯바위가 많고 물때를 잘 맞춘 연안이라면 모를까. 아버지에 대한 그리움을 통해 화자가 말하고자 하는 의미는 무엇이었을까? 해신의 비웃음 속에 스며있는 인간과 바다의 동상이몽이다. "우리는 나란히 누워 다른 꿈을 꾸었지만/ 관습에 따라 살고 규칙에 따라 죽었다/ 파도 뒤에 감추어진 위험과 비극들/ 스스로를 위하여 고개마저 끄덕여야 했던/ 무적소리는 좌초한 흰고래처럼 울었다"(「파도 19」) 라고 읊조렸듯이.

        물고기비늘 날리는 갑판마다
        생몰경계 허우적거린 덫이니
        야생은 두려움을 존중하는 것
        한 두의 삶은 돼지머리 놓고
        세 대의 향불을 피워 사르라
        턱을 고이고 머리를 굴종하라
        나는 파도, 시퍼런 악귀니라

                            —「파도 42」 전문

또한 위 시에서 보듯이 난바다의 환경은 연안 바다와 사뭇 다르다. 생몰의 경계에서 시퍼런 파도는 악귀로 보이는 법이다. 화자의 마음속에 생태적 사유가 자리 잡기에는 상황이 너무나 긴박하고 흉흉한 파도 앞에서 일신을 지키는 일이야말로 절체절명의 급선무가 아닐 수 없다. 폭풍이 지나며 거친 파도가 잠잠해지고 마음의 격랑이 잔잔해질 때, 우리는 언약의 무지개처럼 자연과 생물다양성, 인간을 아우르는 해양시의 정수精髓를 볼 수 있을까?

4. 바다의 장소성

이윤길 시인의 『파도詩편』에서 시적 공간이 갖는 장소성은 매우 중요하다고 생각한다. 해양시집을 표방하기 때문에 더욱 그렇게 생각되며, 여타의 시집과 구별되는 중요한 특징 중의 하나가 '바다'라는 공간을 통해 시상詩想이 전개되고 있기 때문이다. "장소는 인간 존재의 토대이자 인간 실존의 근원적 중심으로서, 우리 인생에서 가장 의미 있는 경험이 발생하는 곳을 뜻한다. 모든 사람은 태어나고, 자라고, 지금 살고 있는, 또는 감동적인 경험을 가졌던 장소와 깊은 관련을 맺고 있으며 그 장소를 의식하고 있다. 이러한 장소는 개인의 정체성과 문화적 정체성 그리고 안정감의 근원일 뿐만 아니라, 우리가 세계 속에서 우리 자신을 외부로 지향시키는 하나의 출발점을 구성하게 된다."(에드워드 렐프, 『장소와 장소상실』)

따라서 『파도詩편』에서 화자가 말하는 장소성은 육지와 단절된 공간으로서 바다가 아닌 육지부에서 새롭게 시작되는 장소로서 바다의 특성을 지향한다고 여겨진다. 또한 화자가 인식하는 바다의 특성은 실재적 공간이자 체험적 공간으로서 뱃사람들의 고독과 비애, 절망 등을 치유하는 정서적 공간일 것이다. 시의 주된 배경이 되는 바다는 인간과 자연이 교우하는 장엄한 무대이자 연안과 이어져 육지부에 이르는 하나의 회랑 역할을 한다고 볼 수 있다.

>좌초를 하든 조난을 당하든
>시퍼런 물결에서 빛나는 눈동자여
>노을은 짙다 진하게 붉다
>
>뱃사람 떠난 담장엔 능소화 피고
>어머니의 어둔 밤이 뒤척일 때
>폭풍은 긴 팔로 배를 흔들었다
>
>오, 난파의 깃발이여

- 「파도 3」 전문

폭풍 지난 아침 고요는 미래의 일
세렝게티 누우 떼를 닮은 롤링이
실연에 절망한 마음처럼 아득했다
하늘로 솟구치는 파도, 파도, 파도
어쩌다가 이곳까지 떠내려 온 걸까

명옥헌 목백일홍 어른은 편안할까
흰 손 흔드시던 어머니도 그리워라
용골이 부러져서 심연에 닿기 전
적도 위의 푸른 꽃처럼 빛나리라
하늘로 솟구치는 파도, 파도, 파도

―「파도 38」부분

   그런데 위 시에서 보듯이, 좌초나 조난의 위험성이 항상 도사리고 있는 <넓은 바다 공간>에서 "뱃사람 떠난 담장"이 있는 육지부의 <좁은 공간>으로 변화는 마치 카메라 렌즈처럼 줌아웃zoom-out 공간에서 줌인 공간zoom-in으로 옮겨지는 효과를 줌으로써 가시적 공간의 급작스런 변화를 가져온다. 그 다음 시에서도 격렬한 파도로 롤링이 심한 망망대해의 넓은 장면에서 일순간 육지부의 좁은 공간이 잠깐 겹쳐진다.
   이러한 급격한 공간 변화는 바다와 육지와의 장소적 유대감을 떨어뜨린다고 볼 수 있다. 각각 독립된 장소의 이미저리로 남게 되면서 바다와 육지가 어우러지는 느낌을 상쇄시킨다. 물론 화자가 이 모든 것을 차치하고서 망망대해 난바다의 적나라한 모습을 보여주기 위한 의도로 표현했다라고 할지라도, 장소적 친밀감을 통해 난바다라는 공간을 육지부와 교감되는 장소의 이미지로 적극 끌어안았어야 한다.

이러한 공간의 특성과 작가의 시선에 대해 필자는 다음과 같이 말한 적이 있다. "문학적 토대가 되는 삶의 공간은 지역적(regional)-국가적(national)-세계적(global) 층위에서 바라볼 때 가장 작은 규모다. 이 층위는 서로 종속관계에 있는 것이 아니라 바로 상호보완 관계에 있다는 데 주목할 필요가 있다. 작가가 작품을 쓸 때 지역적 시선에서 세계적 시선으로 바라보며 쓸 수 있어야 하며, 반대로 세계적 시선에서 지역적 시선으로 바라보며 쓸 수 있어야 한다. 이는 문학의 내재적 발전을 위해 균형적 시선을 갖춘 작품을 쓰기 위함이다."(졸고, 앞의 글) 즉 바다라는 배경을 소재로 작품을 쓸 때, 심상에 그려지는 공간의 크기에 따라 거기에 담길 수 있는 화자의 전언 message도 제각기 달라짐을 의미한다.

한편 이러한 바다가 갖는 넓은 장소감에 비해 조업 중인 배 안은 화자에게 있어서 좁은 공간이자 밀폐된 공간 즉 감옥의 이미지로 다가온다.

> 현창 밖을 보고 있어요 어창을 채워가는 어로노동자들은 이만 해

리나 떨어진 곳에서 토요일 밤 삼겹살 파티만 생각해요

볼트와 너트가 삐걱거리고 한 떼의 여인들이 내쉬는 무거운 한숨이 몰려와요 갑판은 더 무거워지고 출항기는 찢어졌어요

만선이 아니더라도 인내의 부력으로 바다를 떠도는 거지요 그렇게 벌써 서른다섯 번째지요 이번만 그래 이번 항해까지만

하여튼 지금은 감옥이지요, 시푸른

—「파도 8」 전문

한 척 배도 보이지 않는다
부서진 파도는 뱃머리를 덮고
인간이 인간을 만나기 어려운 곳
사나이는 원양주낙선 갑판원

(…)

참혹한 예언들이 있었다
선실에 갇힌 필리핀 선원이 있다
그곳에 갇힌 인도네시아 선원이 있다
떠도는 감옥에서 모두 짐승

—「파도 7」 부분

화자의 시선에 따르면, 바다를 떠도는 어선은 폐쇄된 공간이 아닌 자유로운 공간을 오가지만, 정작 선원들의 경우는 탁 트인 공간을 자유자재로 이동함과 동시에 폐색된 공간에 사로잡혀 짐승처럼 떠돈다. 즉 넓은 공간과 좁은 공간이 뫼비우스 띠처럼 구분할 수 없게 된 지경이다. 파도와 사투를 벌이는 실제공간에서, 시나브로 죽음의 그림자가 스멀거리는 바다 위를 지나는 원양트롤선은 선원들의 무덤이자 돌이킬 수 없는 소멸의 공간이다. 또한 하얗게 질려가는 숨 막히는 무저갱의 공간이다. 그들은 난파를 목전에 앞두고서 뭍에서의 삼겹살 파티를 생각하고, 그리운 여인과의 상봉을 고대하며, 자식을 그리는 어머니의 눈물에 마음 언짢아하면서 마음만은 늘 육지에 와 닿아 있는 것이다. 자신들의 삶도 아버지 세대처럼 "바다에서 바다로 돌아가신 그날의 슬픔 같아서"(『파도 10』), "뼛속까지 출렁이는 푸른 해원"(『파도 48』) 같아서, 고통이 솟구치며 충천하는 "정박의 추억"(『파도 12』)인 셈이다. 그들은 맘속으로 늘 정박을 지향하면서도 정작 자신들의 삶은 정주할 수 없는 신기루 같은 것이다. 그리하여 그들도 파도가 되는 것이다(『파도 40』).

『파도詩편』을 비롯한 이윤길 시인의 해양시집은 지금까지 육지부에 비해 상대적으로 소홀히 다뤄진 바다(해양)를 본격적인 시문학 세계로 이끌어냈다는 점에서 그 의의를 찾아볼 수 있다. 지구의 70%를 차지하면서도 그동안 문단의 스포트라이트를 제대로 받지 못한 바다에 대해서 시인의 영감과 통찰을 바탕으로 그의 독특한 언어로써 바다의 속성을 재현했다는 것은 당대의 문학적 쾌거라 말하지 않을 수 없다. 과거로부터 현재에 이르기까지 인류의 바다에 대한 염원과 탐험 그리고 도전과 좌절은 장구한 인간의 역사 속에 끊임없이 이뤄져 왔다. 이러한 내용을 문학적으로 승화시키는 데는 삶의 전체 과정을 다채롭게 풀어낼 수 있는 소설 양식이 시 장르보다 더 어울릴 수도 있다. 더구나 이러한 해양적 삶에 관해 시인 자신이 소설부문에서도 이미 많은 작품을 써왔다는 사실을 우리는 너무나 잘 알고 있다. 하지만 시로써 표현한 데는 그만한 까닭이 있으리라고 여겨진다. 이번 『파도詩편』이 더욱 빛나는 것은 시인으로서 주로 난바다를 무대로 파도에 관한 직관과 깊은 성찰을 보여주었다는 데 있다. 난바다에서 펼쳐지는 삶의 편린을 파고처럼 말의 가락과 장단으로 압축해 언어의 결정체로 재현하고자 했다는 점이다.

  그의 시가 앞으로 인간과 자연의 교감을 통해 바다에 대한 생태적 사유를 확장시키며, '자연의 바다'에서 '인간의 바다'에 이르는 육지−연안−대양의 문학적 교량을 새롭게 구축하는 마중물이 되기를 바라는 이유도 바로 여기에 있다.